VENTE HOTEL DROUOT

DES

OBJETS
D'ART ET D'AMEUBLEMENT

ET

CURIOSITÉS

DES XVe, XVIe, XVIIe ET XVIIIe SIÈCLES

GARNISSANT LE

CHATEAU DE SAINT-JEAN

MONUMENT HISTORIQUE

A NOGENT-LE-ROTROU

Me CHARLES OUDART | M. ÉMILE BARRE
COMMISSAIRE-PRISEUR | EXPERT

LE CHATEAU EST A VENDRE

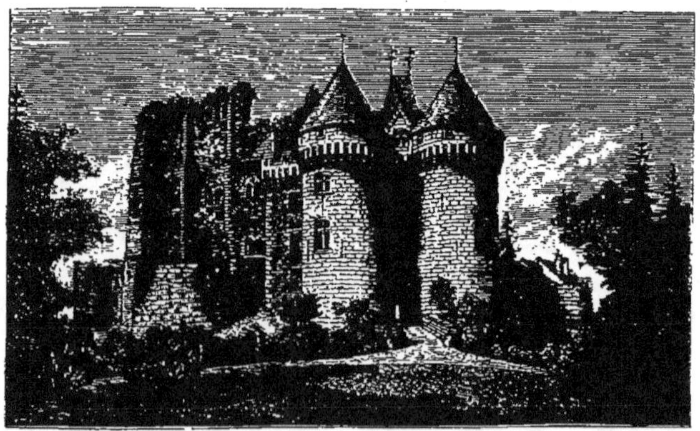

Château de St Jean, à Nogent le Rotrou.

A Paris : A Me CHARLES OUDART, Commissaire-Priseur
A Nogent-le-Rotrou : A Me EIGENSCHENCK, Notaire.

CATALOGUE

DES

OBJETS

D'ART et D'AMEUBLEMENT

et CURIOSITÉS

DES

XVe, XVIe XVII, ET XVIIIe SIÈCLES

GARNISSANT LE

CHATEAU DE SAINT-JEAN

A

NOGENT-LE-ROTROU

DONT LA VENTE AURA LIEU

HOTEL DROUOT, SALLE N° 1

Les Lundi 10 et Mardi 11 Décembre 1877

A UNE HEURE ET DEMIE

Me CHARLES OUDART	**M. ÉMILE BARRE**
COMMISSAIRE-PRISEUR	EXPERT
31, rue Le Peletier	20, Chaussée d'Antin

EXPOSITION PUBLIQUE

LE DIMANCHE 9 DÉCEMBRE 1877, DE 1 HEURE 1/2 A 5 HEURES

CONDITIONS DE LA VENTE

Elle sera faite au comptant.

Les adjudicataires payeront *cinq centimes par franc* en sus des enchères, applicables aux frais.

L'Exposition mettant les adjudicataires à même de se rendre compte de l'état et de la nature des objets, il ne sera admis aucune réclamation une fois l'adjudication prononcée.

ORDRE DES VACATIONS

Lundi à 1 h. 1/2. — Cuivres, Bronzes, Marbres, Faïences, Tableaux, Curiosités diverses.

Lundi soir à 7 h. 1/2. — Armes, Curiosités.

Mardi à 1 h. 1/2. — Curiosités, Meubles, Tapisseries.

DÉSIGNATION

TABLEAUX

11. — ZURBARAN............ Madeleine.

12. — ÉCOLE ITALIENNE..... Christ au globe.

13. — SARRAZIN .... Deux petits paysages.

14. — GUILLEMIN........... Donneur d'eau bénite.
(*Signé.*)

15. — PERROT (Ferdinand).... Marine et Figures. (*Signé.*)

16. — CHARLET............. Le Vieux Marchand de bœufs. (*Signé.*)

17. — VAN DYCK........... Peint par lui-même.

18. — PIAZETTA............ Tête de buveur.

19. — GRIMON .... Copie, d'après Rembrandt, du portrait de sa fille Cornélie.

20. — BOULANGER (Louis).... La Femme au perroquet. (*Signé.*)

21. — LEBRUN .... Christ portant sa croix.

22. — ROMANELLI.......... L'Été des enfants.

23. — PRIMATICE........... Diane de Poitiers, entourée de Grâces et d'Amours. Très-beau tableau en bon état. Cadre sculpté, italien du XVIe siècle.

24. — ECKOUT (VAN) .... Roi de Judée se faisant lire les Prophètes.

25. — CUYP (BENJAMIN) .... Étoile du berger; étude d'animaux.

26. — KESSEL (VAN) .... Paysage, Animaux, Oiseaux.

27. — VALIN .... Bacchante endormie.

28. — RUYSDAEL (SALOMON) ... Paysage et Rivière. (Signé.)

29. — HOTALTZ .... Deux Oiseaux morts. (Signé.)

30. — ROUSSEAU (PH.) .... Gibier. (Signé.)

31. — VAN DYCK .... Portrait de Van Koster; camaïeu.

32. — BONNINGTON .... Descente de croix et Visitation.

33. — GIOTTO *ou* GADDA-GADDI Triptyque.

34. — Deux petits tableaux de chasse, allemands.

35. — FRANCK .... Saint-Sébastien et Visitation; deux pendants.

36. — VIHOTIN............ Paysages et Rivières, formant en dessous une planche gravée par Saint-Aubin, de ses Papillonneries humaines; deux pendants.

37. — BERG (Van der)........ Nymphes et Satyres;
beaux effets de lumière.

38. — CARRACHE (Annibal)... Saint Jean au désert.

GOUACHES ET DESSINS

39. — LANDERSET........... Deux Paysages d'Écosse.
(*Signés.*); gouaches.

40 — HEMENK .... Trois Paysages d'Écosse.
(*Signés.*); gouaches.

41. — FRAGONARD .... Deux gouaches.

42. — COYPEL .... Projet de tapisserie my-
thologique; vélin.

43. — LEBELLE .... Prise des Tuileries; goua-
che.

44. — MASSOT .... Vénus couchée; fixé.

45. — BOUCHER........... Nymphe surprise par un
satyre; magnifique des-
sin.

46. — PALMÉRIUS.......... Études de chevaux; sé-
pia. Deux pendants.
(*Signés.*)

47. — ROUSSEAU (Ph.)....... Nature morte; petit dessin.

48. — BOUCHARDON......... Porteur de cierge; san-
            guine. (*Signé.*)

49. — HILAIRE *ou* LEPRINCE.. Joueurs de boule; dessin.

49 *bis.* — CASANOVA............ Figures; dessin.

49 *ter.* — LEBARBIER (AINÉ)..... Sainte Famille; dessin
            à la plume

MEUBLES

50. — Petite Stalle de prieur à baldaquin, en bois sculpté.

51. — Grande Stalle de prieur à baldaquin en bois
        sculpté.

52. — Dressoir. — Henri II.

53. — Belle Crédence de sacristie avec cariatides, etc.

54. — Belle Crédence de sacristie plus grande du xviie siècle.

55. — Bahut, forme commode, allégorie de la Justice.

56. — Grand Bahut du xvie siècle.

57. — Autre Bahut du xvie siècle.

58. — Beau Lit en bois sculpté du xvie siècle, à quatre
        colonnes, avec corniches ornées de figures style
        Jean-Goujon.

59. — Prie-Dieu du xvie siècle, avec médaillon, bas-relief, etc.

60. — Table octogone gothique.

61. — Six Chaises. — Style du xve siècle.

62. — Table à pans coupés. — Style du xve siècle.

63. — Table de nuit. — Style du xve siècle.

64. — Deux Chaises sculptées. — Charles IX.

65. — Trois Chaises sculptées. — François Ier.

66. — Stalle. — Style Fontainebleau.

67. — Un Fauteuil et deux Chaises. — xviie siècle.

68. — Deux Tabourets. — Louis XIII. — Deux petites Chaises. — Louis XIII.

69. — Quatre Chaises flamandes.

70. — Quatre petits Flambeaux finement sculptés, Louis XIII.

71. — Charité, sculpture en bois. — Louis XIII.

72. — Petite Bibliothèque, marqueterie, cuivre fin.

73. — Deux grands corps de Bibliothèques en bois d'ébène. Incrustations de cuivre. — Boule. — Louis XIV.

74. — Grande Armoire, bois de rose, plaqué. — xviie siècle.

75. — Belle Pendule Boule, en écaille, surmontée et accompagnée de figures en bronze doré. — Style Louis XIV.

76. — Glace Louis XIV en bois doré.

77. — Grand Cadre de glace Louis XIV, à figures sculptées.

78. — Deux Glaces sculptées. — Louis XIV, bois doré.

79. — Deux Glaces sculptées.

79 *bis*. — Meuble du xvie siècle, à deux corps, en bois sculpté.

80. — Vierge à l'Enfant, bois sculpté et peint. Louis XIII.

81. — Grand Cadre de glace Louis XIII, bois sculpté et peint.

81 *bis*. — Cabinet italien en ivoire, gravé, avec tiroirs et intérieur.

81 *ter*. — Six Chaises bois sculpté. — Époque Louis XIII.

82. — Deux Bustes, homme et femme en bois sculpté.

82 *bis*. — Deux petits Meubles en marqueterie de Boule.

83. — Vieux Fuseau en buis. — xvie siècle.

84. — Soufflet en bois sculpté. — xviie siècle.

85. — Console avec chérubins. — xviie siècle.

86. — Grande Table de salle à manger en chêne, à pieds tournés et rallonges.

87. — Grand Cadre de glace, bois sculpté. — Louis XIII.

88. — Grande Cheminée en bois sculpté, xviiie siècle.

88 *bis*. — Meuble à deux corps supporté par quatre caria-tides. — Epoque du xvie siècle.

89. — Grande Cheminée en bois sculpté. — xviie siècle.

90. — Petite Table en bois sculpté. — xviie siècle.

91. — Table de nuit gothique.

92. — Deux Supports d'angles, bois sculpté. — Louis XIV.

92 *bis*. — Fauteuil Louis XIII couvert en cuir.

93. — Belle Cheminée, bois de noyer, style Louis XII, à l'écusson de France, soutenu par des anges orants.

94. — Portes anciennes, style gothique.

· TAPISSERIES

95. — Deux grands Panneaux et deux Lambris à figures, tapisserie de Beauvais.

96. — Huit grands et huit petits Fauteuils et un grand Canapé Beauvais.

97. — Grand Tapis vénitien ou d'Orient, orné d'un blason et d'écoinsons d'or fin.

98. — Grand et beau Tapis d'Aubusson, avec quatre paons formant le milieu, aux queues éployées, les quatre coins en camaïeu, très-belle frise (9 mètres sur 6).

99. — Grand Tapis d'Aubusson. — Fleurs et enroulements.

100. — Deux belles Nappes en guipure.

CUIVRES, BRONZES, ETC.

101. — Deux grands chenets en cuivre. — xve siècle.

102. — Petit Lustre en cuivre rosé. — Louis XIII.

103. — Grand Lustre gothique avec blasons et devises.

104. — Deux Chenets en cuivre du xviie siècle.

104 *bis*. — Petit Lustre gothique à six lumières.

105. — Quatre Moquettes d'hommes d'armes. — xve et xvie siècles.

105 *bis*. — Deux Lustres en cuivre, époque Louis XIII.

106. — Cavalier avec armure complète et caparaçon. — xve siècle.

107. — Belle Pendule astronomique, à quatre faces, en cuivre doré, avec le tour de chaque cadran en émail. — Travail allemand du xviie siècle.

108. — Grand Lustre hollandais en cuivre, à plusieurs lumières, surmonté d'une couronne. — Travail fin Louis XIII.

109. — Coffret en fer, très-fin, en bon état, avec devise à jour : « O Mater Dei, memento mei. » — Travail du xve siècle.

110. — Statuette en bronze florentin.

111. — Deux Demi-Cuirasses.

112. — Buire en étain. — xviiie siècle.

113. — Cafetière en cuivre jaune, à trois robinets, supportée par des figures. — Louis XIII.

114. — Lampe à trois becs, cuivre jaune. — Louis XIII.

115. — Deux Flambeaux en cuivre. — Henri IV.

116. — Lustre à quatre branches. — Louis XIII.

117. — Flambeau en cuivre. — Louis XIV.

118. — Pincettes cannelées et damasquinées en or, avec un
soleil. — Louis XIV.

119. — Bas-relief en bronze, d'après Clodion.

120. — Deux vieux Chenets gothiques en fonte.

121. — Grande et belle paire de Feux en cuivre. — Louis XIII.

122. — Trousse de jardinier, damasquinée en or, montée en
ivoire, 8 pièces. — XVIIᵉ siècle.

123. — Quatre grandes Suspensions en cuivre doré, avec
leurs lampes.

124. — Paire de Mouchettes, cuivre doré. — XVIIᵉ siècle.

125. — Paire de Mouchettes, cuivre argenté. — XVIIIᵉ siècle.

126. — Paire de Ciseaux de châtelaine, damasquinés en or.
— XVIᵉ siècle.

MARBRES, FAÏENCES, ETC.

127. — Tête d'homme en marbre, grandeur naturelle, attri-
buée au Puget.

128. — Buire et deux petits Vases en faïence peinte. —
Louis XIV.

129. — Fontaine en faïence à dessins bleus.

130. — Deux pièces : Salière et Poivrière émaillées de Saxe.

131. — Pomme de canne, émaillée, de Saxe, montée en or.

132. — Bonbonnière, porcelaine, à sujets, de Berlin.

133. — Petit Socle en pierre, sculpté, orné de figures et d'enroulements. — Louis XIII (endommagé).

134. — Petite Urne en porphyre (endommagée).

135. — Groupe de Saxe : Bacchus, Érygone et enfants.

136. — Trois vieux Drageoirs en faïence ou terre de pipe allemande. — xviiiᵉ siècle.

137. — Trois Statuettes vénitiennes, pierre de Tonnerre, avec leurs niches.

138. — Quatre cents Briques du xvᵉ siècle.

139. — Deux Vitraux suisses.

140. — Grand Sablier de couvent, en ivoire. — xviiᵉ siècle.

140 *bis*. — Vase en pierre de Tonnerre, avec anses et ornements de fleurs en relief.

140 *ter*. — Potiche en faïence de Delft.

PAYS ÉTRANGERS

CHINE ET JAPON

141. Deux Meubles d'appui, garnis de tiroirs, marqueterie Louis XV, panneaux laque noir et or. — Franco-Chine.

142. — Deux Meubles d'appui, panneaux laqués en relief. — Même style.

143. — Beau Secrétaire en laque noir et or, monté sur marqueterie, deuxième époque. — Japon.

144. — Deux Tables à jeu, laque noir et or, à double système. — Chine.

145. — Table à jeu laquée. — Chine.

146. — Table de milieu, carrée oblongue, laquée en relief. — Chine.

147. — Meuble en laque rouge et or à reliefs. — Japon.

148. — Boîte de jeu de tric-trac et échecs, nacre gravée, ancienne époque. — Chine.

149. — Riche Coffret en ivoire sculpté, contenant un nécessaire de femme. — Chine.

150. — Corbeille très-fine, en écaille à jour. — Chine.

151. — Belle Boîte à fiches, laquée noir et or. — Japon. Jetons et Fiches en nacre gravée.

152. — Coffre en laque, moderne. — Chine.

153. — Oratoire travaillé à jour et laqué. — Chine.

154. — Deux Tabatières en écaille, sculptées à jour. — Chine.

155. — Deux Porte-fleurs en bambous. — Chine.

156. — Deux grands Nécessaires à couteaux et fourchettes, laque très-fin. — Japon.

157. — Nécessaire à barbe. — Japon.

158. — Grande Lanterne à figures mobiles. — Chine.

159. — Bonbonnière en laque, dessins très-fins, intérieur en
      aventurine. — Japon.

160. — Joli Socle à deux étages, en bois sculpté à jour, figu-
      rant dans le même morceau deux tiges de fleurs
      et de feuilles de nénuphar avec animaux. —
      Chine.

161. — Grand Paravent démonté, composé de huit panneaux
      fond or en relief, avec garnitures d'oiseaux et
      d'animaux. — Ancien Japon.

162. — Paravent plus petit, fond or unie, fleurs et oiseaux
      en couleurs. — Chine.

163. — Deux belles Assiettes, laque noir et or en figuier. —
      Japon.

164. — Deux petites Coupes, laque noir et or en figuier.
      (Mauvais état.) — Japon.

165. — Petite Boîte carrée, laque doré, mat. — Japon.

166. — Deux Gobelets à pied, en rotin très-fin, laqués rouge
      à l'intérieur. — Japon.

167. — Petite Trousse, formant étagère, de fumeur d'opium,
      en bois finement sculpté, avec six fourneaux en
      terre émaillée, tiroir renfermant les accessoires. —
      Chine.

168. — Petit Sécateur à bétel, en cuivre. — Japon.

169. — Boîte renfermant deux Soucoupes [en bois léger,
      laque rouge. — Cochinchine.

170. — Écritoire en laque brun, à dessins d'or, forme carrée. — Chine.

171. — Deux tableaux de fleurs en pierre de lare de différentes couleurs. — Chine.

172. — Nécessaire à barbe avec miroir métallique, en burgau très-fin. — Chine.

173. — Petite Boîte oblongue en burgau. — Chine.

174. — Boîte de Jetons et Fiches en nacre découpée à jour. — Japon.

175. — Deux jolies Pipes de femme, en cuivre et bronze, finement travaillées. — Japon.

176. — Deux petites Balances dans leurs étuis. — Chine.

177. — Grand et bel Étui de pipe, en laque doré, avec garniture en bronze ciselé. — Chine.

178. — Couteau et Baguettes à manger, étui d'écaille. — Chine.

179. — Deux petites Bougies peintes. — Japon.

180. — Porte-papier en bois, peint et doré. — Chine.

181. — Petit Meuble à tiroirs, en bois sculpté, rouge et or. — Chine.

182. — Coffre en bois sculpté et doré, avec ses anses en cuivre. — Japon.

183. — Coffre en bois rubané, laqué, à deux tiroirs, avec anses en cuivre. — Japon.

184. — Chaises en bambou et rotin, avec bras et dossier.
— Chine.

185. — Vieille Glace peinte, femmes, etc. — Chine.

186. — Brûle-parfums en terre noire. — Chine.

187. — Grand Garde-feu en pierre basaltique à deux couches, montants et galerie sculptés. — Chine.

188. — Petit Garde-feu sculpté, encadré. — Chine.

189. — Deux grands Bronzes, pagodes. — Japon.

190. — Théière à hachisch, cuivre bronzé. — Japon.

191. — Quatre jolis Flambeaux en bronze. — Japon.

192. — Coupe en vieux bronze, avec plateau en bois. — Japon.

193. — Bonze monté sur un cerf, bronze. — Chine.

194. — Deux Siéges en porcelaine, montés sur pied, douches en laque aventurine, or en relief et bronze doré. — Japon.

195. — Deux Potiches. — Japon.

196. — Deux grandes Potiches montées en bronze doré. — Style Louis XIV, avec leurs lampes. — Japon.

197. — Deux Cornets en porcelaine, avec supports en bois de fer. — Indo-Chine.

198. — Deux Statuettes de femme, en porcelaine. — Japon.

199. — Bonze en pierre de lare. — Chine.

200. — Trois Statuettes en pierre de lare, deuxième époque. — Chine.

201. — Vieille statuette représentant un guerrier. — Mauvais
état. — Japon.

201 *bis*. — Deux petits Tableaux or en relief.

202-203. — Cinq pièces : deux grands Cornets et trois
grandes Potiches, céladon brun, médaillons
peints en relief. — Japon.

204. — Dix grandes Pièces de vieille porcelaine : six Plats
ovales, trois ronds et une Soupière, couleurs en
relief, paons et fleurs. — Japon.

205. — Six Bols avec Soucoupes, polychrome. — Chine.

206. — Douze petits Vases à thé avec soucoupes et couvercles, théières polychromes. — Chine.

207. — Douze Vases à chocolat, dont six avec Couvercles.
— Japon.

208. — Douze Bols bleus, quatrième époque. — Japon.

209. — Service de table complet, cent quatre-vingt pièces. —
Indo-Chine.

210. — Trois Compotiers polychromes. — Japon.

211. — Grand Saladier ou Bol. — Japon.

212. — Grand Plat bleu, première époque. — Japon.

213. — Huit Plats bleus, dont deux creux. — Japon.

214. — Vingt-quatre petites Assiettes de porcelaine à dessin.
— Chine.

215. — Deux petits Raviers. — Japon.

216. — Deux Sauciers. — Japon.

218. — Théière à anses postiches. — Japon

219. — Deux grands Bols très-riches, polychromes. — Japon.

220. — Vase bleu à anses découpées. — Chine.

221. — Deux Cafetières côtelées. — Japon.

222. — Une Cafetière plus grande, incomplète. — Japon.

223. — Neuf Assiettes à large bordure bleue grenade, pour milieu et fond. — Japon.

224. — Douze Assiettes creuses polychromes. — Japon.

225. — Deux douzaines de petites Assiettes creuses. — Chine.

226. — Deux vieilles Assiettes. — Chine.

227. — Six petits Plateaux longs à pans coupés. — Chine.

228. — Neuf petites Soucoupes bleues, de dessins différents. — Chine.

229. — Trois Coquilles bleues. — Chine.

230. — Trois Coquilles rouges. — Chine.

231. — Un Plat polychrome, pièce très-rare. — Japon.

232. — Deux petits Plats, fond blanc, à fleurs — Chine.

233. — Un petit Vase remarquable, très-bon état. — Japon.

234. — Deux Pots à lait. — Japon.

235. — Un Sucrier avec couvercle. — Japon.

236. — Deux Théières en boccaro. — Chine.

237. — Petite Théière en porcelaine. — Chine.

238. — Belle petite Coupe en jade. — Chine.

239. — Un Service à thé, en porcelaine très-fine, représentant des oiseaux avec dorure : douze Tasses avec leurs soucoupes, une Théière avec plateau, Sucrier avec plateau et Pot à crème. — Chine.

240. — Tasse avec couvercle, porcelaine peinte, très-fine. — Chine.

241. — Tasse en porcelaine granulée, teinte rose. — Japon.

242. — Tasse avec soucoupe, à double fond, à jour, mauvais état. — Chine.

243. — Bol en grès brun, forme bosselée. — Japon.

244. — Tasse à anse, raccommodée. — Chine.

245. — Un Vase. — Japon.

246. — Grand Bougeoir, forme nénuphar. — Chine.

247. — Encrier à siphon, porcelaine, en forme de fruit de longue vie. — Chine.

248. — Écritoire en marbre blanc avec son couvercle à inscriptions gravées. — Chine.

249. — Écritoire-godet en terre noire. — Chine.

250. — Petit Écran en pierre de lare, sujets en relief, monture en bois. — Chine.

251. — Petit Vase en craquelé. — Chine.

252. — Sabre à deux lames, garniture de cuivre gravé, fourreau recouvert d'écaille, garni de cuivre gravé.
— Chine.

253. — Sabre garni de cuivre gravé, fourreau recouvert
d'écaille. — Chine.

254. — Sabre garni de cuivre gravé, fourreau de chagrin
vert. — Chine.

255. — Sabre à fourreau en laque noir. — Japon.

256. — Trois vieux Parasols. — Chine.

257. — Trois Masques chinois. — Chine.

258. — Narguillé en cuivre avec boîte et accessoires. —
Chine.

259.   Joli Costume de femme chinoise, composé de :

Très-joli Gilet, crêpe de Chine pourpre, brodé soie
et or, boutons ciselés;

Pantalon crêpe de Chine broché, brodé de broderie
en soie;

Pantalon crêpe de Chine bleu tendre;

Col broché, soie verte;

Gilet de coton blanc;

Jupon brun, broché soie et or;

Paire de Babouches, soie broché d'or;

Paire d'anciens Souliers;

Paire d'anciens Souliers pour enfant.

Joli Costume de Chinois, composé de :

Deux Pantalons de coton, un noir et un blanc ;

Trois Vestes en coton blanc ;

Belle Robe de mandarin, satin uni, manches brodées ;

Belle Pelisse de mandarin, en satin broché soie et or, aux dragons ;

Vêtement à manches, en coton bleu ;

260. Deux Vêtements à manches, en soie brodée à jour ;

Deux Chapeaux en soie, revers de velours ;

Ceinture avec blague, éventail et porte-pipe ;

Deux paires de Chaussettes, une blanche, une bleue brodée à jour ;

Deux paires de Chaussettes, matelassées, dont une brochée en soie ;

Trois paires de Bottes en satin ;

Paire de Souliers en soie jaune, brodés en relief.

261. — Maison faite dans le pays. — Japon.

262. — Très-beau Chasse-mouche, manche laqué et ciselé. composé d'une queue de Yack.

263. — Quatre jolis Pendentifs sculptés et doré. — Chine.

264. — Deux vieux Panneaux sculptés, laque rouge, sujets dorés, combats de chevaux et de léopards. — Japon.

265. — Grande Peinture représentant un combat. — Chine.

266. — Un lot de vieux Bois sculptés.

INDE

267. — Table en bois sculpté avec incrustations.

268. — Grande Écharpe en mousseline avec bordure soie et or, brodé sans envers.

269. — Trois paires de Babouches en argent broché.

270. — Deux Châtes de crêpe, brodés d'argent, et une brassière de femme.

271. — Quatre Boucliers de cipayes, en peau d'éléphant. laqués et garnis de leurs cuivres.

272. — Bouclier en peau de rhinocéros, transparent, garni de ses cuivres.

273. — Grand Sabre d'exécution.

274. — Couteau d'exécution, fourreau en cuir chagriné, poignée et garniture en argent, portant deux autres petits couteaux à manches de pierre obsidienne.

275. — Joli Panier de rotin, renfermant un alcarazas et deux bouteilles recouverts de rotin.

276. — Deux Sabres à fourreau en cuir, poignée en corne. — Birmanie.

277. — Gourde en verre, goulot et garniture en cuivre ciselé.

278. — Alcarazas en terre noire modelée.

279. — Chasse-mouche en crin, manche laqué.

280. — Deux Chasse-mouches en feuilles de latanier découpées, manche laqué.

281. — Grand Écran chasse-mouche, fait d'une feuille de latanier peinte.

282. — Narguillé de Lahor, récipient en cuivre et métal niellé, fourneau en argent et métal niellé, tuyau en bois de sandal très-finement ciselé, avec garniture de grenats et lapis.

283. — Narguillé niellé, métal blanc sur métal noir, fourneau et tuyau ordinaires. — Bengale.

284. — Narguillé commun avec tuyau.

285. — Petite Idole en bois sculpté.

286. — Parasol-canne, tissu de soie lamée d'or.

TARTARIE

287. — Etui d'arc brodé.

288. — Trois grands Arcs dorés et laqués.

289. — Cinquante Flèches peintes, empennées et à pointe de fer.

PERSE

290. — Sabre à belle poignée en or damasquiné.

291. — Trois Écritoires peints et laqués.

TURQUIE

292. — Poignard à manche d'hippopotame et fourreau
d'argent.

293. — Grand Narguillé, récipient en étain et cuivre finement gravé, garniture du fourneau et du tuyau
en or, cassolette en argent.

AFRIQUE

294. — Grand Narguillé, récipient en cristal taillé, fourneau
en porcelaine peinte, tuyau en soie, cassolette et
embout en argent, petit bout en vermeil. —
Caire.

295. — Paire de Babouches en maroquin rouge, et deux cein-
tures arabes. — Algérie.

296. — Gibecière de messager en maroquin rouge et vert. —
Algérie.

297. — Flissa avec son fourreau. — Kabilie.

298. — Yatagan avec fourreau et garnitures d'argent. —
Algérie.

299. — Yatagan avec fourreau en cuir. — Algérie.

300. — Lampe aux trois couleurs, double galerie de becs.—
Kabilie.

301. — Quatre œufs d'autruche avec garniture algérienne.—
Algérie.

302. — Carcasse d'un vieux fusil à mèche. — Algérie.

303. — Deux Poignards à poignée garnie de cuivre, fourreau en cuir. — Cafrerie.

304. — Escabeau. — Cafrerie.

305. — Petite Coiffure de négresse, finement tissée, à dessins de couleur. — Cafrerie.

306. — Pagne en tiges végétales, noir. — Cafrerie.

307. — Bouclier en peau naturelle d'éléphant. — Abyssinie.

308. — Petit Poignard à manche en os, fourreau en cuir. — Cafrerie.

309. — Petit Pagne de femme en verroterie. — Cafrerie.

310. — Coiffure en soies de porc-épic. — Cafrerie.

311. — Deux Vases à lait à pieds et à galeries à jour, en bois sculpté, pièces rares. — Cafrerie.

312. — Sept Sagaïes à fers de lance, dont un en pierre. — Cafrerie.

313. — Quatre Sagaïes à fers de lance et talon de fer. — Cafrerie.

314. — Sabre Boshman, manche en corne, fourreau de cuir. — Cafrerie.

315. — Tambour en tronc d'arbre. — Sénégal.

316. — Poignard à manche garni de cuivre, fourreau en peau de poisson. — Sénégal.

347.
Beau Sabre, poignée corne et cuivre, fourreau en cuir maroquiné avec ceinture et garniture. Très-belle pièce. — Sénégal.

Très-beau Carquois en cuir et nattes ornementées, avec son épaulette et toute sa garniture en glands de cuir. — Sénégal.

Gibecière en cuir maroquiné, garnie de son poignard en manche en bois. — Sénégal.

Collier en cuir avec ses amulettes. — Sénégal.

Poire à poudre en corne, garnie de cuir maroquiné. — Sénégal.

318. — Carquois en cuir ornementé. — Sénégal.

319. — Gibecière en cuir maroquiné, avec accessoires. — Sénégal.

320. — Gibecière de courrier. — Sénégal.

321. — Deux Colliers en cuir. — Sénégal.

322. — Petite Blague à tabac formée d'un testicule d'antilope. — Sénégal.

323. — Deux petits Tabliers de femmes. — Hottentots.

324. — Manteau en fils d'écorce, travaillé à jour. — Cafrerie.

325. — Pagne en cuir et coquillages. — Hottentots.

326. — Carquois en cuir, avec sa garniture travaillée, garni de flèches. — Sénégal.

327. — Panier de femme, en coquillages. — Hottentots.

328. — Ceinture et ornement de femme en os taillé. — Hottentots.

329. — Coiffure de chef avec ornements en filet. — Cafrerie.

330. — Bonnet de palmier avec aigrette. — Cafrerie.

331. — Pagne en écorce d'arbre. — Cafrerie.

332. — Gourde-bidon à dessins (fêlée). — Cafrerie.

OCÉANIE

333. — Échantillons d'Étoffes fabriquées par les femmes. — Océanie.

334. — Échantillons d'Étoffes en écorce. — Océanie.

335. — Deux Pagnes, deux Pantalons, une Veste. — Malaisie.

336. — Ceinture. — Manille.

337. — Cuirasse en peau d'ours, garni de dents et de griffes. — Bornéo.

338. — Cuirasse en écailles de poisson. — Bornéo.

339. — Gilets-cuirasses en étoffe matelassée ou en écorce. — Bornéo.

340. — Ceinture. — Bornéo.

341. — Carquois en bois de fer, avec flèches empoisonnées. — Bornéo.

342. — *Ottat*, pièce très-rare, Corbeille en rotin, ornementée de cheveux d'ennemis, de coquillages, de perles et de pièces de monnaie, servant à

recevoir les têtes coupées après le combat, et portant un étui en bambou sculpté, destiné à renfermer les flèches en bambou pour arrêter l'ennemi dans sa course. — Océanie.

343. — Petite corbeille de femme en rotin de plusieurs couleurs, ornée d'une plume d'argus. — Océanie.

344. — Demi-Crâne tatoué. — Nouvelle-Zélande.

345. — Boîte à flèches en bambou sculpté. — Bornéo.

346. — Double bambou pour boire le soumac, dans un étui en rotin. — Bornéo.

347. — *Badju-Sulaw*, Ornement de guerre des Dajaks, garni de coquillages artistement travaillés. — Sud de Bornéo.

348. — Hache pour le travail des champs. — Bornéo.

349. — Carquois en bambou, contenant des flèches empoisonnées, avec un carquois pour le porter. — Bornéo.

350. — Petite houe en obsidienne. — Bornéo.

351. — Gobelet de bambou pour boire. — Bornéo.

352. — Lance avec pointe en bois de palmier. — Bornéo.

353. — Lance dont la pointe, en bois de palmier, reste dans la blessure. — Bornéo.

354. — Javelot avec pointe en fer. — Bornéo.

355. — Lance des Bi-Jadja, à large fer, cloutée de cuivre, hampe garnie de crins rouges. — Bornéo.

356. — *Tchavot*, longue ceinture pour mettre autour du corps et entre les jambes, tissée par les femmes dajaks. — Bornéo.

357. — *Tchavot*, longue ceinture en écorce brodée. — Bornéo.

358. — Bouclier en écorce d'arbre. — Bornéo.

359. — Arc-fronde (très-curieux) peint et laqué. — Iles Fidji.

360. — Arc en bambou, corde peinte et laquée. — Océanie.

361. — Arc de la Polynésie.

362. — Beau Crick à lame garnie de filigranes d'argent, fourreau recouvert de cuivre rouge ciselé. — Java.

363. — Beau Crick à poignée cerclée d'or. — Java.

364. — Beau Crick à manche en bois ciselé. — Malaisie.

365. — Beau Crick à manche finement sculpté, représentant une idole. — Malaisie.

366. — Beau Crick à manche en corne. — Malaisie.

367. — *Apang*, poignard à manche en os sculpté, fourreau garni de rotin finement travaillé, accompagné d'une défense de babiroussa, de la calotte d'un bec de calao et d'un étui à bétel en rotin. — Sud Bornéo.

368. — *Tankin*, Poignard à fourreau grossièrement sculpté, orné de crins rouges, et garnis de deux étuis en

bambou pour tabac et bétel. — Nord-ouest de Bornéo.

369. — *Bouk* ou Bouclier en bois peint, orné de cheveux d'ennemis (très-rare). — Intérieur de Bornéo.

370. — *Claw* ou Bouclier en bois, orné d'une figure peinte de mauvais esprit. — Sud de Bornéo.

371. — *Claw* ou Bouclier en bois, garni de rotin. — Sud de Bornéo.

372. — Deux Poignards, dont un à poignée et garde de fer. — Bornéo.

373. — Casse-tête sculpté. — Polynésie.

374. — Instrument pour moisson, en bois. — Polynésie.

375. — Espèce de Casse-tête. — Polynésie.

376. — Casse-tête en boule. — Polynésie

377. — Casse-tête en pointe. — Polynésie.

378. — Hache de combat. — Polynésie.

379. — Cinq Flèches, dont deux pour le poisson. — Polynésie.

380. — Tambour en tronc d'arbre. — Bornéo.

382. — Sceptre de chef, sculpté. — Nouvelle-Zélande.

383. — Deux Masques de sorciers des Kanaks (très-rare). — Nouvelle-Calédonie.

384. — Idole en bois, forme d'enfant. — Bornéo.

385. — Casque en rotin avec plume d'argus. — Bornéo.

386. — Six *Salakots*, Chapeaux dont un peint et laqué. — Manille.

387. — Deux Casse-tête. — Bornéo.

388.
- — Manteau de chef kanak, en tiges végétales sur mousseline d'écorce. — Nouvelle-Calédonie.
- — Coiffure de chef kanak. — Nouvelle-Calédonie.
- — Manteau et Jupe de femme kanak. — Nouvelle-Calédonie.

389. — Jolie Pipe, fourneau en cuivre bien travaillé. — Sumatra.

390. — Jolie Pipe, fourneau en bois. — Sumatra.

391. — Petit Observatoire pour préserver les champs de riz des oiseaux. — Java.

392. — Maison en bambou et bois. — Bornéo.

393. — Maison en bambou et écorces d'arbres. — Bornéo.

394. — Maison de réunion des Batas, en bois de fer et écorce de palmier. — Sumatra.

395. — Étable pour les bœufs. — Sumatra.

396. — Village Dajak, construit par les habitants eux-mêmes d'après les dimensions données, 1/25 de la grandeur réelle en bois de fer et le toit en longues herbes (Allong-Allang), connues sous le nom de jungle. — Centre-Bornéo.

397. — Petite Maison du Haut-Pays. — Java.

398. — Maison d'un prince malais, en bois de fer. —
Bornéo.

399. — Grande Lance à fer flamboyant damasquiné, hampe
laquée de rouge. — Java.

400. — *Sabolkan,* grande Sarbacane armée d'un fer de lance,
arme nationale des Dajaks pour flèches empoisonnées. — Bornéo.

401. — Lance à fer en pointe de hallebarde. — Bornéo.

402. — *Tangaï,* coiffure ordinaire des femmes Dajak, à
double forme, en feuille de latanier, laquée rouge,
à riches dessins. — Bornéo.

403. — Bonnet d'homme en rotins de couleur. — Bornéo.

404. — Crick à manche d'ivoire, garni de cordonnet d'argent, fourreau en bois. — Java.

405. — Hache en obsidienne, manche recouvert de bambou
tissé. — Océanie.

406. — Casse-tête à lame de fer, manche en corne de rhino
céros. — Océanie.

407. — Épée forme chevalier, fourreau de cuir. — Java.

408. — Escabeau en bois des Iles. — Océanie.

409. — Plat à barbe en terre peinte. — Amérique du Sud.

410. — Cinq arcs. — Amérique du Sud.

411. — Deux Flèches empennées. — Amérique du Sud (cassées).

412. — Masse en bois de fer. — Amérique du Sud.

413. — Casse-tête tranchant. — Amérique du Sud.

414. — Joli petit Carquois en bambou et feuille de maïs, avec
flèches empoisonnées, pour chasseurs d'oiseaux,
garnis d'une courge renfermant du coton pour les
flèches. — Amérique du Sud.

415. — Jolie Écuelle sculptée, laquée et dorée. — Pérou.

417. — Deux Coiffures de femmes en plumes. — Amérique
du Sud.

418. — Grand Hamac. — Amérique du Sud.

419. — Vingt-huit grandes Flèches, dont sept empennées. —
Amérique du Sud.

420. — Service à prendre le matté, composé de : — une
Tasse faisant corps avec la soucoupe, garnie de
son aspirateur en rotin ; — une grande et une
petite Théière ; — un petit Pot à lait soutenu par
trois pieds humains ; — un grand Pot à lait ; —
deux grandes Tasses avec soucoupes ; — un
Sucrier ; — le tout en terre rouge avec dessins en
relief doré. — Chili.

421. — Provision des Indiens en voyage, en cas de famine,
avec râpe en palais de squale et pièce d'estomac.
— Amérique du Sud.

422. — Beau fusil avec batterie en cuivre, finement travaillé,
capucines en argent. — Bornéo.

423. — Un lot de bois sculptés, très-fin :

> 1° Demi-colonnette cannelée, fleurdelisée, avec chapiteau. — Louis XIII.
>
> 2° Pilastre cannelé, avec chapiteau et embase. — Louis XIII.
>
> 3° Sept Têtes-consoles. — Louis XIII.
>
> 4° Deux Mascarons (têtes d'anges). — Louis XIII.
>
> 5° Grandes Cariatides, Diane et Faune. — Louis XIV.
>
> 6° Débris.

424. — Tenture et Couverture de lit avec rideaux, et quelques morceaux en vieux lampas.

425. — Rideaux peints de fleurs en vieux Pékin.

426. — Cinq petits Vases de Chine.

427. — Six Tasses en bois de figuier.

428. — Éventail en ivoire sculpté à jour. — Chine.

429. — Groupe de deux Chinois, homme et femme, habillés, avec guitare, cage d'oiseaux, vase de fleurs, siége finement travaillé à jour.

430. — Modèle de coiffure de femme (travail chinois).

431. — Modèle de Palanquin chinois avec tous ses accessoires.

432. — Deux Jeux de quatre petites pièces en losange, en or laqué très-fin, fond aventurine, montés sur galerie également laquée, avec bordure de bronze doré.

433. — Porte-Flacon en ivoire sculpté à jour. — Chine.

434. — Petit Portefeuille algérien.

435. — Grand Cadre de glace chinois, avec glace.

436. — *Claw* ou Bouclier très-beau, garni de rotin.

437. — Grande Corbeille en rotins de couleur, pour moisson. — Bornéo.

438. — Petit Cabinet en laque rouge, mauvais état. — Chine.

439. — Théière revêtue de son enveloppe et dans sa boîte en laque. — Chine.

440. — Escabeau de l'Inde.

441. — Oreiller en bambou. — Sumatra.

442. — Sarbacane en bambou, pour flèches empoisonnées. — Bornéo.

443. — Sarbacane en bois de fer. — Bornéo.

444. — Poignard. — Sénégal.

445. — Crick malais.

446. — Petit Casse-tête bois. — Cafrerie.

447. — Crochet pour suspendre les têtes coupées. — Bornéo.

448. — Guitare en bambou. — Cafrerie.

449. — Chapeau. — Cafrerie.

450. — Bonnet en écorce d'arbre. — Cafrerie.

451. — Pagne en rotin. — Cafrerie.

452. — Pagnes et ceinture. — Manille.

453. — Collier et Ceinture. dents de tigre et d'ours. — Bornéo.

454. — Colliers et Bracelets en rotin et bois. — Bornéo.

455. — Trois Statuettes poly. bro-es. — Chine.

456. — Tapis de tente sauvage en écorce. — Océanie.

457. — Colliers et Bracelets. — Cafrerie.

458. — Deux Braseros de l'Inde.

459. — Deux Nymphes en plâtre formant flambeaux. — XVIIIe siècle.

460. — Boîte à couleurs avec godets, laque noir et or. — Chine.

461. — Grand Pot à l'eau et Cuvette en verre bleu rubané.

462. — Porte-carte en ivoire sculpté. — Chine.

463. — Lot de Sagaïes et Javelots. — Océanie.

464. — Porte-carte en nacre ciselée, monture argent. — Chine.

465. — Petit Sac de sauvage en tissu végétal. — Manille.

466. — Petite Bonbonnière en jaspe vert.

467. — Petit Porte-cigares en clous de girofle. — Manille.

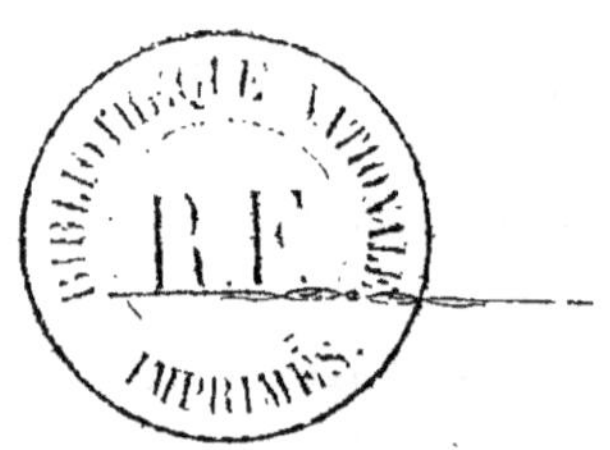

PARIS. — Impr. J. CLAYE. — A. QUANTIN et C°, rue Saint-Benoît. — [2172]

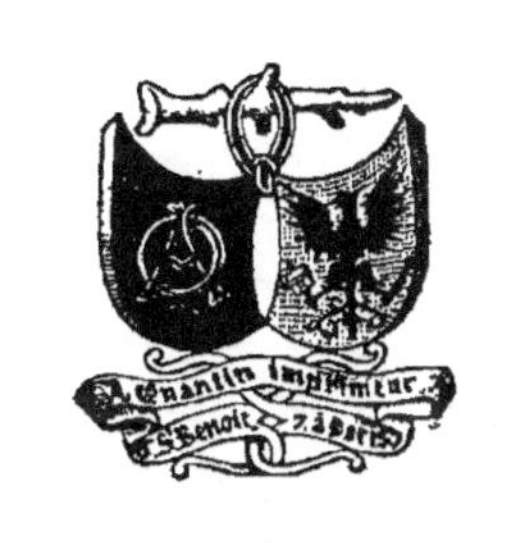
A. Chantin Imprimeur
rue St-Benoit, 7, à Paris